CONFÉRENCE DU 12 AVRIL 1873

A ALGER

Par M. PAUL BLANC.

—

La population de l'Algérie en 1872

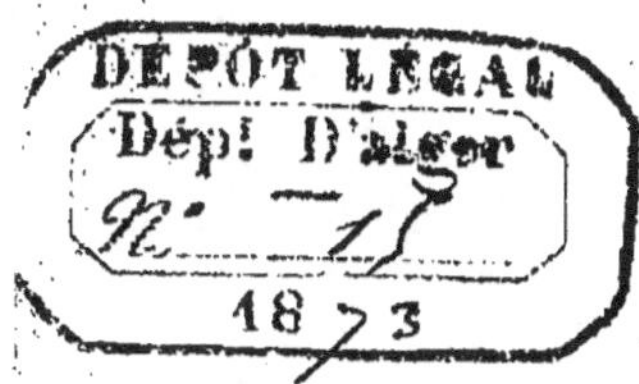

ALGER

Imprimerie de l'*Algérie française*. P. FERROUILLAT

CONFÉRENCE DU 12 AVRIL 1873

A' ALGER

Par M. PAUL BLANC.

—

La population de l'Algérie en 1872

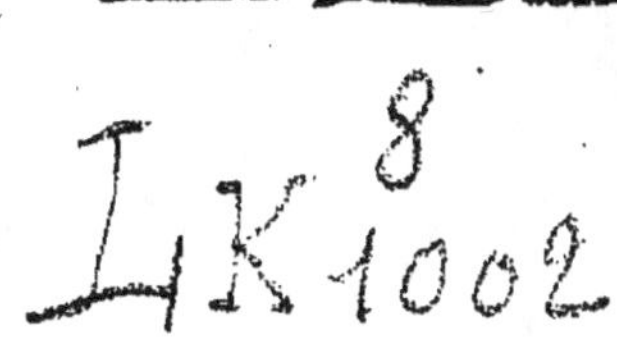

Alger. — Imprimerie de l'*Algérie française* P. FERROUILLAT.

Messieurs,

Tout commence par des chiffres, tout finit par des chiffres.

C'est le chiffre de 7 millions de suffrages qui, en 1852; a fait l'empire, cet empire qui a fini par une carte à payer de dix milliards.

C'est le chiffre de 40 milliards, offerts à la France par les banquiers de tout l'univers, qui affirmait solennellement l'an dernier l'existence de la nouvelle République. Ce vote de confiance du capital en notre faveur est tellement significatif que si l'empire a été proclamé par 7 millions de voix, on peut répondre que la République a été proclamée par 40 milliards de francs.

Des faits et des chiffres, voilà ce que demande

avec instance la génération actuelle, voilà le pain dont le dix-neuvième siècle veut se nourrir. Tout raisonnement qui n'est pas bâti sur des faits, toute espérance qui ne s'échafaude pas sur un raisonnement, lui paraissent autant de chimères dont il refuse de tenir compte.

Et qu'est-ce qu'un fait, en dernière analyse, sinon la comparaison de deux chiffres ?

Nous voilà donc obligés, pour aboutir à un résultat sérieux ou pratique dans telle branche que ce soit des connaissances humaines, d'avoir recours aux chiffres et de nous plonger dans l'étude de la statistique.

La statistique, en économie sociale comme en politique, c'est l'inventaire du négociant, c'est le livre de comptes du ménage. Vous le voyez se diviser aussi en deux colonnes présentant le *doit* d'une part, l'*avoir* de l'autre, et se solder toujours en fin d'année par un bénéfice ou une perte.

C'est par une perte, et par une perte énorme, effrayante, scandaleuse, que s'ouvre notre grand-livre de l'Algérie de 1872.

Si mes souvenirs ne me trompent pas, certain journal dans lequel j'écrivais en 1867 a été traduit en police correctionnelle pour avoir osé dire que peut-être il y avait eu deux cent mille morts en Algérie par suite de la famine... Or voici les chiffres officiels :

Cinq cent vingt-neuf mille vingt-sept indigènes ont disparu de 1866 à 1872, de sorte que nous avions hier encore 2 millions et demi de musulmans dans le pays, et qu'il n'en reste plus aujourd'hui que 2 millions.

La perte est d'un sur cinq. Si nous laissons passer encore quatre séries comme celle-là, il n'y aura plus un seul indigène dans le pays.

Mais à qui la faute ? dira-t-on. Cela se passait ainsi du temps des Turcs, et personne n'est coupable de ces désastres.

La faute n'en est pas aux Turcs assurément, puisqu'ils ne sont plus là, mais bien à nous qui avons assumé une responsabilité sérieuse en prenant la tutelle de ce peuple, et qui ne savons pas l'empêcher de mourir de faim.

Le coupable n'est pas Mahomet ; c'est la France, qui est ici par la force, et qui a le devoir de justifier sa conquête en apportant aux vaincus des institutions supérieures au régime de la barbarie pure et simple.

Oui, nous sommes coupables, et d'autant plus coupables que nous occupons le pays depuis quarante ans, et qu'il ne nous est plus permis de prétexter de notre ignorance. Le remède à ces calamités invraisemblables, à ces affreuses hécatombes humaines, nous le connaissons, car nous l'avons déjà éprouvé. Ce remède, il n'est autre que la pénétration de l'élément indigène par l'élément européen. C'est le mélange des deux races dans le grand atelier agricole, c'est la colonisation !

Tout le monde sait qu'il y a eu famine seulement chez les Arabes du territoire militaire qui jusqu'ici n'ont guère échangé avec nous que des coups de fusil. Dans le territoire civil, où les colons étaient là pour donner du pain aux indigènes, est-ce qu'il y a eu famine ?

Voilà des faits qu'on ne conteste plus aujourd'hui, même devant les tribunaux. J'ai donc raison de répéter que nous sommes coupables, et coupables sans excuse.

Maintenant que nous avons relevé le compte des indigènes, analysons des Européens.

En 1872, le total est de 245,117 ; ce qui accuse une augmentation d'environ 27,000 âmes sur 1866.

Voilà qui est plus consolant. Au moins n'avons-nous pas diminué ! Cependant il reste à connaître les sources de cet accroissement, et à cet égard la presse algérienne n'a pas dit tout ce qu'il y avait à dire.

Notre population européenne peut s'accroître de trois façons :

1° Par l'excédant des naissances sur les décès, et c'est là le meilleur mode d'accroissement, car il assure l'avenir ;

2° Par la naturalisation des éléments indigènes ;

3° Par l'immigration.

D'après les résultats des derniers recensements, nous nous attendions à voir les naissances excéder notablement les décès, et nous pensions trouver là le motif essentiel du croît de notre population. Or les chiffres actuels sont contraires à ces prévisions. Ainsi, le relevé des actes de l'état-civil, qui n'a encore été fait que de 1867 à 1870, accuse de ce chef une diminution de 2,641 âmes. Pour ces trois premières années, nous avons eu, en effet, 37,427 décès contre 34,786 naissances. Quant aux relevés de 1871 et 1872, ils ne sont pas encore prêts...... et je ne sais pas quand ils le seront.

Au sujet de ces lenteurs administratives, on a dit tout ce qu'on pouvait dire, et nous ne voulons ajouter qu'un mot :

Le registre annuel de l'émigration au Bas-Canada, arrêté en novembre 1872, est parvenu en Europe au commencement de 1873. Le recensement de la population de l'Algérie, qui date du mois de sep-

tembre, n'a été livré à la publicité qu'au mois d'a-
vril. D'où il résulte qu'on fait là-bas en deux mois
ce qu'on fait ici en six.

Cependant les chiffres des trois premières années
prouvent déjà que l'augmentation de la population
européenne n'est pas due à l'excédant des naissances sur les décès. Elle n'est pas due non plus aux
naturalisations. J'ai tenu à connaître le chiffre total
de celles-ci : il était à la fin de 1872 de 1374. Mais
comme les naturalisés sont pour la plupart Italiens
ou Espagnols et qu'ils étaient déjà compris dans le
recensement au titre européen, le motif d'augmen-
tion venant de l'élément indigène est à peu près né-
gligeable. — Quant aux Israélites naturalisés en
masse l'année dernière et qui seront désormais con-
fondus avec les citoyens français d'origine européenne, ils sont encore recensés à part dans les ta-
bleaux dressés pour 1872.

De tout cela nous arrivons à conclure que l'accroissement des Européens vient uniquement de l'immigration. Il reste à savoir maintenant quelle est la
nature de cette immigration.

L'Alsace-Lorraine, de laquelle nous pouvions tant
recevoir, ne nous a donné jusqu'au 1er mars 1873,
d'après un récent rapport de M. Guynemer, que
3,261 colons, soit un dixième environ du chiffre to-

tal. Ce n'est rien en vérité, et nous savons tous en Algérie qu'elle nous eût apporté un contingent bien plus considérable, si l'on n'avait pas fait juste tout le contraire de ce qu'il fallait faire pour encourager l'immigration.

Nos immigrants viennent donc des autres parties de la France, ou de Malte, ou d'Italie, ou de Mahon, ou d'Espagne.

Comme on ne tient en Algérie — où il y a cependant tant de registres — aucun registre annuel d'immigration, nous ne trouvons d'éléments d'appréciation que dans la comparaison des recensements généraux de 1866 à 1872. Ils donnent plus des deux tiers à l'accroissement de l'élément étranger, et à l'élément français un tiers seulement.

La province d'Alger a gagné 7,566 âmes, sur lesquelles 3,991 proviennent des Français et 3,575 des étrangers.

La province de Constantine 5,993 dont 2,077 Français et 3,916 étrangers, la plupart d'origine italienne.

Quant à la province d'Oran, sur un gain de 13,160, elle compte seulement 4,414 Français. Les autres immigrants sont pour la plupart Espagnols : le chiffre de ces derniers dépasse 9,000. Dans cette province, les Français ne sont déjà plus en majorité.

On n'en compte plus que 37,111 de sorte que les Espagnols au nombre de 37,658 les ont déjà dépassés.

De même la ville d'Oran avec ses annexes, sur une population totale de 40,000 âmes, ne compte plus que 10,000 Français, tandis que les étrangers, c'est-à-dire les Espagnols, sont au nombre de plus de 18,000.

Assurément c'est une joie pour nous de voir arriver ici en grand nombre nos frères d'Espagne, frères de race latine, frères en république. Cependant nous avouons en toute franchise qu'il serait désirable dans l'intérêt national — intérêt que nous ne devons jamais perdre de vue — d'amener aussi dans la province d'Oran une proportion notable de cultivateurs français. On répond à cela que le Domaine n'a pas de terres de ce côté.... mais ce n'est point une réponse. Si le Domaine n'a pas de terres, l'Etat peut en acheter, et l'expropriation pour cause d'utilité publique est là pour lui fournir tout ce dont il aura besoin pour alimenter la colonisation.

Vous avez maintenant, Messieurs, pris connaissance des principaux chiffres de notre bilan pour l'année 1872, et vous voilà un peu au courant de vos affaires.

Vous voyez qu'en fin de compte notre population

ne s'est accrue que d'environ 5,000 âmes par an,
accroissement qui provient uniquement de l'immigration. Vous pouvez juger par là de ce que va-
lent ces promesses d'amener ici « des millions de
colons » en quelques années. De semblables paroles
ne sont, à vrai dire, que des gaillardises maritimes
d'un sel très contestable et qu'il ne faut pas prendre trop au sérieux, sinon il n'y aurait pas d'expres-
sions assez dures pour les caractériser. Suffisance
ou insuffisance, ignorance ou charlatanisme, il fau-
drait choisir.

Pour nous, républicains, à qui l'on reproche vo-
lontiers de pécher par excès d'imagination, notre
ambition n'est pas si haute. Nous sommes prêts à en
rabattre de beaucoup sur cette fantasmagorie, et
nous n'en demandons pas tant. Si nous pensons que
le rêve et la poésie sont à leur place en littéra-
ture, ils nous semblent funestes en politique aussi
bien qu'en économie sociale. Dans ces matières,
nous ne pouvons accepter que des solutions étu-
diées, des résultats mûris par la réflexion, des chiffres positifs.

Aussi croyons-nous que le jour où l'immigration
dans chacun de nos départements algériens sera de
cinq à six mille colons par année et par province,
soit quinze mille âmes pour toute l'Algérie, on aura

obtenu le maximum de ce que nous pouvons raison-
nablement espérer. — Mais cela du moins peut se
faire. Et cela doit se faire, et nous le ferons... si
l'on ne nous en empêche pas.

Nous le ferons par nos conseils généraux, et par
eux seuls. En ce qui me concerne, je le dis tout net,
je ne compte absolument que sur eux ; mais j'y
compte sérieusement. L'expérience du passé prouve
en effet que la liberté qu'on leur refuse aujourd'hui,
on sera de guerre lasse obligé de la leur laisser de-
main. Or les conseils généraux, c'est la colonie elle-
même, ce sont les colons régulièrement et légale-
ment représentés, c'est le suffrage universel, c'est le
libre arbitre, c'est la liberté.

Mais que faites-vous dans tout cela du Conseil su-
périeur ? me dira-t-on peut être. — Voilà certes une
question embarrassante, car je n'en veux rien faire
du tout. D'ailleurs, je n'aurais pas l'audace, moi qui
ne suis qu'un conseiller inférieur, de juger les
grandes choses qu'il vient d'accomplir. Tout au plus
oserai-je admirer en lui cette complaisance aimable,
ce tempérament docile, cette résignation exemplaire
et toute chrétienne, qui lui permettent de discuter
gravement un budget qu'on a déjà présenté à la
Chambre avant de le lui avoir soumis. Et je me de-
manderai alors si nos conseillers supérieurs n'ont

pas une lointaine ressemblance avec des assesseurs musulmans auquel un nouveau décret aurait retiré, non la voix délibérative et le vote qui en est la sanction, mais jusqu'à la voix consultative !

Je ne vous parlerai pas non plus du gouvernement général. Là dessus votre opinion n'est plus à faire : Il y a cependant de ce côté toute une statistique de billets de mille francs qui serait de nature à provoquer une myriade de réflexions ; nous en causerons peut-être un autre jour. Disons seulement aujourd'hui que si on nous posait catégoriquement la question suivante :

— Voulez-vous garder un gouverneur sans sucre, ou prendre du café sans gouverneur ?

Je suis de ceux qui répondraient sans hésitation : J'aime mieux le café.

En somme, ce que nous voulons, nos adversaires le savent aussi bien que nous. Nous voulons ce qu'ils ne veulent pas.

Nous voulons faire nos affaires nous-mêmes, nous administrer à bon marché, nous suffire avec nos propres ressources.

Nous demandons que l'Etat-Providence ne nous écrase pas du poids de ses faveurs, qu'il ne nous accable pas de ces subventions qui nous coûtent plus cher qu'elles ne nous rapportent. Nous demandons qu'au lieu d'entretenir ici à grands frais une colonie de serre-chaude, on laisse nos trois départements vivre modestement au grand air dans la plénitude de leur indépendance financière.

Assurément ces vœux n'ont rien d'excessif et ils sont de nature à n'effrayer personne. Et cependan pour nous refuser des satisfactions si légitimes, on n'a eu jusqu'ici que la ressource de nous faire passer pour des révolutionnaires ingouvernables, pour de détestables démagogues. Mais ce procédé commence à vieillir, il est maintenant percé à jour, et il serait temps de trouver autre chose pour continuer la lutte qu'on soutient contre nos libertés.

D'ailleurs, quoi qu'on fasse, quoi qu'on invente encore, nous n'en viendrons pas moins à bout de tous les obstacles. En nous voyant si faibles, un observateur superficiel pourrait croire que nous soutenons une lutte inégale. Il se tromperait, car la question est posée entre des administrateurs qui partent et des colons qui restent, et la solution s'imposera d'elle-même.

Nous ne sommes pas en effet, nous autres colons, de ces oiseaux de passage apportés par un vent de printemps et qui repartiront aux approches de l'hiver. Nous sommes enracinés dans le sol par nos affections et nos intérêts, et nous pouvons redire

avec une entière confiance ce mot qui résume à lui
seul toute notre causerie d'aujourd'hui :

L'avenir est à ceux qui restent.